AF549733

Bibliografische Information der Deutschen Nationalbibliothek.
Die Deutsche Nationalbibliothek verzeichnet diese Publikation in der Deutschen Nationalbibliografie;
Detaillierte bibliografische Daten sind im Internet über http://dnb.dnb.de abrufbar.

Redaktion: Lektorat Hille & Schäfer, Freiburg
Gestaltung: pohl & rick Grafikdesign, Düsseldorf
Autorenfoto: © Photo-Atelier Claudia Reiter / www.foto-reiter.de
Reproduktionen: Digital Data Service Lenhard, Stuttgart
Gesamtherstellung: Print Consult, München

In Zusammenarbeit mit dem Programmbereich MünchenVerlag.

ISBN: 978-3-7630-2851-1

IMPRESSUM

Peter Gaymann

Typisch Bayerisch!

belser

BAYERN UND DIE WELT

Ich bin der bayerische Löwe. Und wer seids jetzt ihr ¿¿¿
Ich bin eine Zugereiste!
I mog di Zuagroastn!
T. GAY

Wir wässern jetzt rund um die Uhr !!
Jetzt hamma den Klimawandel auch in Bayern.
T. GAY

Beautiful Dirndl!
Ihr seids aber auch fesch!
VALENTINO
ARMANI
GUCCI
PRADA
LODENFREI
P. GAY

MERKE!
DIE EINHEIMISCHEN GEWINNEN IMMER!

Mein Mann sagt immer, wenn wir wollen, sind wir in 2 Stunden in Italien.
Und??
Er will nie!
P. GAY

Der Islam gehört zu Bayern!!
O.K. – Und der Franke??
Letzte Runde..
P. GAY

Seids ihr denn
gar nirgends dahoam?
P. GAY

PROSIT DER GEMÜTLICHKEIT

Genderrassabum !!

Wer von euch hat den APEROL SPRIZZ bestellt?
STAMMTISCH
P. GAY

Ich nehm das JÄGERSCHNITZEL - ohne alles !
Jawoll Herr Dr. Hirsch
P. GAY

P. GAY

P. GAY

JÄGERWIRT
KNÖDEL TO GO !
... TÄGLICH ...
KNÖDEL TO GO !
P. GAY

Tschuldigung –
wie isst man
so eine Weißwurst?

MUND AUF..!

D. GAY

SENNER
ALM
1894 ü.M.
Als Vorspeise, Hauptspeise und Dessert gibt's Ziegenkäse!
P. GAY

Geh ma
zu dir oder
geh ma zu mir?

Heim
geh ma!!

P. GAY

BERGE UND SEEN

FROHE
EINKEHR

Jetzt geht die Fotografiererei wieder los.
Haben noch nie Kühe gesehen.
KLICK
P. GAY

Am 21. Oktober 2018 hatte der alte Erwin Kruschtelhuber aus Bernried am Starnberger See eine Erscheinung, die fast seine Elvira zum Kentern gebracht hätte. Später schob er alles auf den FÖHN!

Gehört der Gardasee überhaupt zu Italien? Oder gehört der noch zu München?
P. GAY

Teuer, so ne Fahrt auf's Nebelhorn
Dafür hast du oben eine Wahnsinns-Aussicht!
P. GAY

Ihm gehörte früher mal das Grundstück.
PRIVAT
P. GAY

So ein Traumwetter.
So eine Traumlandschaft.
Was gibt's da schöneres als mit dem Fahrrad unterwegs zu sein.
Mit dem Cabrio unterwegs sein.
T. GAY

KULTUR

HOMO BAVARICUS ERECTUS

HOTEL
POST
Guck mal Mama, Hier gibt's
Häuser mit Tattoos!

WAS ?! –
DIE MONA
LISA HAMS
NET ??!?
ALTE
PINAKOTHEK
*
FOTOGRAFIEREN
VERBOTEN!
T. GAY

Wer nicht weiß, wer König Ludwig II. ist, soll bitte die Hand heben.
O.K. – Abi bestanden!
T. GAY

Ich bin eigentlich satt.

Eines Tages wirst du meine Lederhosen erben. Also iss gefälligst die Knödel. Sonst passt du da nie rein!

T. GAY

Ist das nicht der Wahnsinn?!
KLICK
Ich sage nur HEIZKOSTEN!
P. GAY

ALMABTRIEB!
Sie ist immer die Letzte!
P. GAY

– Kampf den Windmühlen –

T. GAY

An genau dieser Stelle am Starnberger See ist am 13. Juni 1886 der berühmte Bayerische König Ludwig II. ins Wasser gegangen.
Ohne Schwimmflügel!!
schön doof
BADEN VERBOTEN
P. GAY

Don Giovanni
Du weißt aber schon was ne Oper ist?
Man darf nicht mitsingen.
TAXI
M-DG-823
TAXI
P. GAY

GÖTTLICHE EINGEBUNG

Bua, du betest ja?!
Lieber Herrgott, mir brauche den Breitband-anschluss! Schnell!
KEIN NETZ
LAPTOP & LEDERHOSEN
P. GAY

Der Antichrist!
T. GAY

Übrigens:
Wir sind eingeladen
zum Dreikönigstreffen
der CSU!
Kraizdaifi!
Außerdem
sind wir für
Bethlehem
gebucht.
P. GAY

Nur damit du Bescheid weißt: Ich wähle nicht mehr die CSU, aber das hat freilich nichts mit Dir zu tun.

Wer kennt die Route?
Ich google mal.
Kein Netz!!

T.GAY

SPORTSGEIST

Sollen wir auch mal probieren?
Im Urlaub putzen kommt nicht in Frage!
ALPENROSE
P. GAY

Unsere Fahrt endet hier. Wir sind umzingelt. Wir bitten um ihr Verständnis.
HERRSCHING
P. GAY

T. GAY

Wir treffen uns unten!
ZUGSPITZE 2962 m
Oder in der Notaufnahme
T. GAY

P. GAY

BAYERISCHE STAATSGRENZE
BIERGARTEN
BIERGARTEN
BIERGARTEN
BIERGARTEN
Du wirst sehen, ab hier macht das Radfahren Spaß.
Das Navi können wir jetzt ausschalten.
T. GAY

Jetzt schieß halt!
Ich will ihn zuerst umarmen.
P. GAY

Es knirscht!

Das sind die Gelenke!

T. GAY

– YOGA FÜR BAYERN –

P. GAY

MÜNCHEN

Was bin ich froh, dass wir nicht da hinten liegen bei den ganzen Nackerten.
P. GAY

P. GAY

Guck mal. Die S-Bahn gibts jetzt auch als Cabrio!
Da kriegt mich trotzdem keiner rein.
STARNBERG

HENDL-BRATEREI
KNUSPER-HENDL
WIESN HENDL
nur 19.99
"Auf eine friedliche Wiesn!"
(Der Oberbürgermeister)

Wir kamen uns dann doch
beide ein bisschen blöd vor.

Ich hab ne billige Wohnung gefunden!
P. GAY

– Radlerhauptstadt München –

I MOG DI
P. GAY

VITA

Weiß-blauer Himmel über schneebedeckten Gipfeln, schimmernde Seen, herrliche Schlösser, prächtige Kühe, kräftige Burschen und fesche Madeln und immer ein frischgezapftes Bier vom Fass: so schön! So abgedroschen? Die bayerischen Attribute kennt man in der ganzen Welt und meint dann meistens, sie wären typisch deutsch. Ob sie überhaupt für Bayern typisch sind, wollte ich herausfinden und bin mittenrein gezogen.
Und es gibt sie, die ländliche Idylle mit ihren Maibäumen, Windrädern und Funklöchern, die Trachten, die Blasmusik und die Volksfeste. Die Schickeria, die Stammtische, den Sportsgeist und die Gemütlichkeit. Auch die „Weltstadt mit Herz" mit ihrer Hochkultur, den Nackerten und den herzlosen Mietpreisen ist wie sie ist – und doch irgendwie anders. Hommage eines Zuagroastn.

Peter Gaymann

Peter Gaymann, geb. 1950 in Freiburg im Breisgau, gehört zu den erfolgreichsten und beliebtesten Cartoonisten in Deutschland. Nach seinem Studium der Sozialpädagogik machte er sich 1976 als humoristischer Zeichner selbstständig.
2019 ist das 100. Buch von und mit Peter Gaymann erschienen, viele seiner Publikationen wurden Bestseller. Am bekanntesten sind seine dem Menschen so herzlich verbundenen Hühner. Mit dem Kürzel P. GAY sind sie in Zeitschriften und Zeitungen, auf Postkarten, Kalendern, Postern und Radierungen zu seinem Markenzeichen geworden. Seit 2017 wohnt er in einem umgebauten Gasthaus in der Nähe vom Starnberger See.

2015 erschien im Belser Verlag „Typisch Badisch – von Titisee bis Tuniberg", 2016 „Typisch Italienisch – Von Bozen bis Palermo", 2017 „Typisch Urlaub – Die schönste Zeit des Jahres?" und 2019 „Typisch Büro – Die schönste Zeit des Tages"

T. GAY